Gedankenwelt

Andrea Kramperth

1.Auflage Januar 2024

© Andrea Kramperth Texte und Fotos

Cover Jenny Kramperth

Herstellung und Verlag: BoD - Books on Demand,
Norderstedt

ISBN: 978-3-75832-306-5

not always eye to eye,
but forever heart to heart

FSC
www.fsc.org
MIX
Papier aus ver-
antwortungsvollen
Quellen
Paper from
responsible sources
FSC® C105338

Blumenwiese

mach dir alle deine
guten Eigenschaften bewusst

die vermeintlich Kleinen und die Großen
gehe in dich und fühl in dich hinein

trau dich

stelle dir für jede deiner Stärken eine Blume vor,
kleine und große Blumen,

die auf einer Wiese blühen
bunt und wunderschön

im Einklang miteinander
schau genau hin

so bist du!
wertvoll und wunderschön

Eine Reise beginnt

Sehnsucht nach fernen Ländern,
fremden Menschen und Kulturen

Spuren im Sand
Urlaubsgefühlen
Sonnenuntergängen

wir reisen um die Welt, um zu finden,
zu spüren und zu erforschen

wir suchen, um zu finden
Finden, ohne zu suchen

letztendlich ist es eine
Reise zu uns selbst

Jetzt

lebe im Hier und Jetzt

lass deine Vergangenheit ruhen und

hab keine Angst vor der Zukunft

deine Zeit ist im Moment

genieße ihn,

nehme ihn bewusst wahr,

denn im nächsten Moment ist er vergangen

gib dem Augenblick Qualität

nahrhaft und bewusst,

denn er vergeht wie ein Lufthauch

wenn die Gegenwart zur Vergangenheit wird,

wird die Zukunft zur Gegenwart

lebe

jetzt

Wärme

mir ist kalt

sowohl im Innen wie im Außen

mein Herz friert

Hände und Füße zeigen es im Außen

es fehlt die menschliche Wärme eine Wärme,

die mich im Inneren erfüllt und im Außen wärmt

herzliche Begegnungen und Freundlichkeiten

sind so selten geworden,

dass es schon wieder besonders ist,

wenn wir sie empfangen

gerade in diesen Lebensabschnitten

hungert das Herz besonders danach

es friert und sehnt sich nach Wärme

Akzeptieren

annehmen

geschehen lassen

damit klarkommen

ziehen lassen

manche Situationen können wir nicht ändern

sie rauben uns den Verstand,

weil wir sie nicht verstehen können

da hilft nur das Annehmen und ziehen lassen

gib den Dingen deinen Segen

lasse sie gehen

akzeptiere

und richte deinen Blick nach vorn

im Vertrauen, das alles gut wird

Gemeinsam

zusammen

weitermachen

aufeinander achten

sich empfinden

einander Raum geben

miteinander wachsen

sich spüren und fühlen

wie eine Raupe

auf dem Weg zum Schmetterling

das Ende herbeisehnen

den Neubeginn erwarten

gemeinsam entwickeln

um über sich hinaus zu wachsen

gebt gut auf euch acht

Momentensammler

die kleinen Momente

das Glitzern der Sonne im Schnee

der Sonnenuntergang

ein Kaffee am See

ein schönes Gespräch

eine Umarmung

ein Mensch, der an dich denkt

ein Anruf

Kerzenschein

ein Gebet

wenn dich dein Gegenüber richtig ansieht

das wahrgenommen werden

diese kleinen feinen Momente

machen das Leben lebenswert

erfüllen es mit Licht und Freude

behalte sie gut in Erinnerung,

denn nichts ist so schön wie der Moment

Einbahnstraße

das Leben ist ein Geben und Nehmen

beruht auf Gegenseitigkeit

ein miteinander

verstehen und annehmen

akzeptieren und sein Dürfen

wenn das nicht geschieht,

fühlt es sich an wie eine Einbahnstraße

alles ist einseitig und monoton

wie mit Gegenwind fahren

sei achtsam mit deinem Gegenüber

lasse die Gegenseitigkeit zu

nehme an

und beginne

miteinander

Die Reise

sie sieht nach Innen
schaut sich an
mit allen Sinnen
bleibt sie dran

erspürt, nimmt wahr
und lässt gescheh´n
der Blick wird klar
Altes lässt sie geh´n

erkennt ihr Herz
und lernt sich lieben
lässt zieh´n den Schmerz
die Kraft wird siegen

sie fühlt sich frei
erkennt den Weg
und wie's auch sei
mit Stolz sie geht

auf ihre Reise zu sich selbst
der Besten ihres Lebens

Frei

zu tun, was mir guttut

zu sein, wer ich bin

mich zu geben, wie ich mich fühle

zu sagen, was ich denke

mich anzunehmen

mit all meinen Macken und Schrullen

mich zu lieben, wie ich bin

meinen Weg zu gehen

mich weiterzuentwickeln

mich zu spüren

neue Wege zu gehen

mich zu entdecken

ich bin frei

Frühling

die Luft wird wärmer
die Sonne scheint
die Natur beginnt zu sprießen
Blütenknospen und neue Triebe
erwachen zu neuem Leben

nimm dir die Natur als Vorbild
recke und strecke dich
genieße den Neuanfang
lass Altes hinter dir
atme den warmen Duft ein

spüre die Lebendigkeit
wachse in ihr
strecke deine Fühler aus
fühle dich frei und lebendig
sei eins mit dir

erblühe zu neuem Leben

Puzzle

unser Leben gleicht einem Puzzle

es setzt sich aus vielen Teilen zusammen

manche passen nicht zueinander

sie sind nicht kompatibel

die andren wiederum stimmen perfekt

ergänzen sich

verbinden sich miteinander

gehen eine Symbiose ein

so ensteht ein Bild

genau wie im Leben

Menschen begegnen dir

es enstehen Freundschaften

andre Wege trennen sich wieder

wir gehen Verbindungen ein

ändern den Blickwinkel

am schönsten ist es, wenn wir uns mit uns selbst verbinden

denn dann wird unser Leben zu einem wunderbaren Bild

ein Bild voller Selbstliebe und Harmonie

jedes Teil in leuchtenden Farben

viel Freude beim Zusammensetzen

Der Weg

das Innen verändert sich

ist freudig gespannt

erwartungsvoll

das Herz wird weich

es weitet sich, wärmt von Innen

liebevoll

die Sicht wird verwandelt

der Blick schärft sich

in der Tiefe und Weite

die Seele nimmt Schwingungen wahr

erspürt und erahnt sie

kennt den Weg nicht

aber im Vertrauen findet er sich

hoffnungsvoll

neu aber doch innig vertraut

gehe deinen Weg mit liebevollem Herzen

und offenen Augen

Geborgen

mit mir achtsam sein,

meine Bedürfnisse wahrnehmen,

mich spüren

und auf mich hören

mir etwas Gutes tun,

meine Seele aufatmen lassen

bei mir ankommen

und mich fühlen

mich selbst umarmen

und sein lassen

umarmt euch öfter selbst

Grenzen

in uns und um uns

innerlich und äußerlich

sie begrenzen uns

zeigen uns aber auch neue Möglichkeiten

lass deine Wurzeln gedeihen

wachse über dich hinaus

setze dir neue Ziele

begrenze dich nicht

wechsel die Richtung

und bleib dir dabei treu

viel Freude beim Entdecken

Abschied

jeden Tag ein bisschen mehr

Abschied nehmen

etwas mehr Abstand gewinnen, loslassen

der Schmerz verändert sich

er wird leichter,

dennoch in Erinnerungen schwelgen

dich vermissen

es ist oft schwer, die Schwermut

im Herzen gehen zu lassen

den Blick nach vorne zu richten,

aber das Leben muss weitergehen

und will gelebt werden

ich trage dich in meinem Herzen

ohne dich wäre ich nicht

Balance

mögest du frei sein im ❤

um über deiner Angst zu stehen

komme bei dir an

um frei zu sein, wie ein Vogel im Wind

lass unendliche Liebe durch dich fließen

spüre die Wärme und die Heilung

nimm dein wahres Sein an

und lass dein Licht leuchten

lass los, was du nicht bist

sei authentisch

SEI FREI

Nordsee

hier fühl ich mich geerdet

komme zur Ruhe

kann wundervoll abschalten

bin voll und ganz bei mir

spüre und fühle mich

nehme mich wahr

der Blick übers Wasser

lässt meinen Geist ankommen

der Wind im Haar

nimmt meine Gedanken und Sorgen mit

jeder Tag ist ein Geschenk

nimm es an

und genieße es

Sei es Dir wert

schau dich an

ganz bewusst und ehrlich

im Spiegel der Liebe

deine innere und äußere Schönheit

deine guten und schlechten Seiten

nehme deine Werte wahr

was schätzt du an dir

sehe dich mit liebevollem mütterlichem Blick

sei es dir wert dich zu lieben und zu schätzen

du bist!

du bist es wert!

du bist die Liebe

du bist wundervoll

Leuchtturm

du trägst ein Licht in dir

vereine dich mit ihm

so werdet ihr eins

lass es scheinen

strahle hell

im Großen wie im Kleinen

so wird dein Leben wieder bunt

erstrahlt in hellen Farben

es pulsiert und summt

und lässt dich Anteil haben

lass dein Licht leuchten

Gedankenchaos

viel zu viele Gedanken

über zu viele Möglichkeiten

alle Schubladen im Kopf sind offen

und versuchen abzuwägen

zu entscheiden

eine Lösung zu finden

Chaos im Kopf

wirr und chaotisch

da hilft nur tief durchatmen

und sich auf das Wesentliche zu konzentrieren

eine Schublade nach der anderen

auf den Bauch hören

tief hinein atmen und der Entscheidung nachfühlen

Faden für Faden den Knoten lösen

Synchronizität

im Innen und Außen

im Einklang sein

alles ist miteinander verbunden

nichts ist mehr getrennt

Vergangenheit, Gegenwart und Zukunft

fließen ineinander

sei in dieser perfekten Harmonie

nehme bewusst wahr,

dann fügt sich alles zusammen,

wird stimmig

und du fühlst dich eins mit dir

Heilung

wenn wir an Vergangenem wachsen

und nicht zerbrechen

uns weiter entwickeln

bewusst mit Gefühlen umgehen

Geschehenes neu bewerten

und Altes hinter uns lassen,

dann geschieht Heilung

ganz tief in uns

im Einklang mit unserer Seele

Schritt für Schritt

mit neuem Bewusstsein

lasst es zu

Die Seele

sie macht uns aus,

atmet unserem Körper Leben ein

lässt uns fühlen, spüren, lieben und erfahren

sie macht unsere Hülle lebendig

macht uns einzigartig

durch die Seele sind wir miteinander verbunden

wenn unsere Körper nicht mehr lebendig sind,

verlässt sie uns

steigt auf ins Unendliche

das macht mir Hoffnung und Mut,

dass wir uns einmal wiederfinden

und für immer zusammen sein können

in immerwährender Liebe

Rolling Home

nimm dich wahr

lass deine Gefühle zu

komme an in dir

befreie dich von allem Negativen

spüre die Kraft, die in dir wohnt

fühle dich frei

frei von Angst und Zweifeln

sei dir bewusst

nehme dich an

komme an bei dir

fühle dich in dir zuhause

rolling home to you

Seelenlichter

kommen von dieser Welt

sind aufgestiegen

in das himmlische Reich

leuchten uns von dort aus den Weg

verbinden sich mit uns

in unserem Herzen erstrahlt ihr Licht

begleiten uns

nicht greifbar und doch hell

sie erhellen unsere Seele

so verbinden sich die Welten

und wir sind eins

eins im Licht

verbunden in der Seele

Kraft

zeigt der Welt eure Kraft

seid mutig

lasst sie uns spüren

freut euch daran

fühlt, wie sie in euch vibriert

und euch belebt

wachst über euch hinaus

und geht euren Weg mit Stolz

und denkt immer daran

ihr seid wundervoll

Sehnsucht

Sehnsucht im Herzen

ein Gefühl des inneren Vermissens

innerlich leer laufen

Gefühlsakku leer

emotional unterversorgt

Schatten im Herzen und auf der Seele

sorge für dich

nimm dich wahr

höre auf deine Bedürfnisse

genieße den Moment

streichel deine Seele

nehme die kleinen Momente des Glücks wahr

und gehe mit dir selbst liebevoll um

du bist es wert

schätze und ehre dich!

38

In Gottes Hand

liegt unser Geschick

er behütet und beschützt uns

egal ob wir einen guten oder schlechten Tag haben

wir können uns ihm anvertrauen

bedingungslos und wertfrei

er nimmt uns an

mit unsren Stärken und Schwächen

lässt uns ankommen

mit ihm sind wir nie allein

er geht mit uns unseren Weg

mal an unserer Seite

oder auch getragen

an seiner Hand geht sich's leichter

vertraue auf Gott

Spuren

spüre Dich

von oben bis unten

von den Füßen bis zum Kopf

von den Wurzeln bis zur Krone

von innen nach außen

spüre jede Faser Deines Seins

bleib lebendig

pulsiere

nimm das Leben wahr

verleugne dich nicht

lebe deine Weisheit

spüre dich!

hinterlasse Spuren in deinem Leben

Wo bist du?

Wo bist du? HIER

Wie spät ist es? JETZT

Was bist du? DIESER MOMENT

In jedem Moment im Gefühl sein

das Hier und Jetzt annehmen

in der Gegenwart sein

in den kleinen Dingen das Besondere erkennen

Turn the light on

lass dein Licht erstrahlen

zeig dich der Welt

in schillernden Farben

sei dein eigener Held

leb dein Leben

in allen Momenten

sei für andre ein Segen

öffne dich deinen Talenten

positiv in Gedanken

als auch in Taten

denk auch ans Danken

als auch den Atem

Zeit

sie verrinnt langsam und aber auch ganz schnell

ausgefüllt und ungenutzt

hektisch und geruhsam

schenke deiner Zeit mehr Qualität

nutze sie sinnvoll

nimm dir Zeit für dich

spüre sie mit allen Sinnen

atme sie

ruhe in ihr

nimm dir Zeit für dich!

Die Göttin in dir

Mutter Erde

mit all deiner Kraft

schenkst du uns das Leben

und gibst auf uns acht

wir sind deine Kinder

durch dich sind wir ganz

verwurzelt mit dir

lernst du uns das Fliegen

durch alle Gezeiten

führst du uns

nimmst Anteil an allem

und hilfst uns beim Wachsen

du Mutter Erde

Göttin der Welt

wir danken dir

Dankbar

ich bin dankbar für meine Füße,

sie tragen mich auf allen Wegen

ich bin dankbar für meine Hände,

sie bringen alles in Bewegung

ich bin dankbar für meine Organe,

sie erhalten mich am Leben

ich bin dankbar für mein Gehirn,

es lässt mich bewusst denken

ich bin dankbar für meinen Körper,

er hält alles zusammen

sei dankbar für dein Sein

Vergangenheit

sie ist ein Teil von uns,

prägt unsere Gegenwart und Zukunft

einen Teil unseres Weges

hat sie uns begleitet

Seite an Seite

jetzt ist sie vergangen.

bleibt in Gedanken, aber doch vorbei

Herz, Liebe & Verstand

das Herz liebt, wird geliebt

und leider entliebt es sich auch

wohin dann mit der Liebe im Herz?

sich selbst lieben, ja, nicht immer,

aber immer öfter

am Anfang ist Hoffnung, Zuversicht

der Verstand versucht die Zweifel

und Ängste beiseitezuschieben

dann kommt das Einlassen, zulassen

die Liebe leben

leider hat sie sich bis jetzt irgendwann

verändert und ist gegangen

der Verstand bekommt wieder die Oberhand

warum, weswegen?

dann begegnet sie dir erneut, die Liebe,

und setzt sich

     Bäng

in dein Herz

und es beginnt von vorn

in der Hoffnung und dem Vertrauen

mit jemand anzukommen

in Liebe

Gedanken

jeden Tag

bist du in meinen Gedanken

am Morgen,

wenn ich aufstehe

am Tag,

wenn die Stunden vergehen

am Abend,

wenn ich alleine auf dem Sofa sitze

du lässt mich fühlen,

dass ich auch in deinen Gedanken bin

du lässt mich spüren,

was ich dir bedeute

du lässt mich wissen,

dass du mich wahrnimmst

du bist mir sehr nah,

auch wenn ich Dich nicht fühlen kann

ich nehme Dich wahr,

denn Du bist in meinen Gedanken

Jackpot

52

im Verlauf unseres Lebens

erleben wir viele Höhen und Tiefen

wir entwickeln uns weiter

machen durch unsere veränderte Sichtweise

andere Erfahrungen, die für uns wichtig sind

manchmal machen wir diese mehrmals,

bis wir erkennen

und dann gibt es diese wundervollen Momente des Glücks

in denen wir entdecken dürfen warum

Danke

Wünsche

ich wünsche dir Hoffnung,

um den Glauben nicht zu verlieren

ich wünsche dir Sanftmut,

damit du deine Weisheit bewahrst

ich wünsche dir Frieden,

dass dein Herz zur Ruhe kommt

ich wünsche dir Liebe,

um dein Strahlen zu behüten

Zeit

sie ist kostbar

geschieht im Hier und Jetzt

lässt sich nicht verändern

weder vor noch zurück

sie ist unser Geschenk des Lebens

verbring sie achtsam

von Liebe geprägt

und Fröhlichkeit begleitet

nimm dieses Geschenk an

und lebe sie sinnvoll

mache sie zu deiner Zeit

die Zeit deines Herzens

Realität

ist das, was man sieht,

wenn man die Augen aufmacht

und zwar bewusst

ungetrübt und ohne Filter

auch wenn sie manchmal schmerzhaft ist

und wir lieber vor ihr weglaufen

jedoch ist auch Hoffnung in ihr,

wenn auch nicht gleich sichtbar

Hoffnung auf Heilung

damit die verletzte Seele

wieder frei atmen kann

verschließt eure Augen nicht

seht hin

es lohnt sich

Feel the Spirit

fühl in dich hinein

lege deine Hand aufs Herz

spüre, wie es pulsiert

gehe ins Gefühl

atme tief ein und aus

lass es fließen

öffne dich

und dein Herz

feel the spirit

always in you

Schwarzweißmalerei

Gut und Böse leben im Herzen eines jeden Menschen

es liegt an uns, die richtige Wahl zu treffen

was geben wir mehr Gewicht

wie richten wir unseren Fokus aus

wer sich von der Leichtigkeit tragen lässt,

findet immer wieder zu sich selbst

wir haben täglich auf´s neue die Wahl

unsere Ausrichtung positiv zu beeinflussen

Think positiv

Mut

Mut bedeutet manchmal auch, die Perspektive zu wechseln. Die Blickrichtung zu verändern. Sich mal umzudrehen, um die Dinge anders zu betrachten.

Verletzlichkeit zuzulassen bedeutet auch Mut.

Zuerst dachte ich, es wäre im Ursprung ein negatives Gefühl. Da es ja alte Themen aus dem Leben hervorholt, uns zeigt, wo wir noch an uns „arbeiten" dürfen. Verletzlichkeit kann ja auch ein ungutes Fühlen in uns freisetzen.

Als ich jedoch die Perspektive geändert habe, erkannte ich, Verletzlichkeit zu zeigen erfordert Mut.

Sie entspringt aus der Selbstliebe und dem Selbstwert. Denn wenn wir auf dem Weg sind uns anzunehmen und zu lieben, dürfen wir sie auch zeigen.

Dadurch schätzen wir uns wert.

Dieser Wechsel der Betrachtung bringt uns näher zu unseren Wurzeln. Letztendlich zu uns selbst.

Ich wünsche euch:

Seid mutig auf eurem Weg und stellt die Dinge ab und zu
mal auf den Kopf!

Fühlt Euch lieb umärmelt

Eure Andrea